Ignaz Brüll

Zweites Concert für das Pianoforte mit Begleitung des Orchesters

Ignaz Brüll

Zweites Concert für das Pianoforte mit Begleitung des Orchesters

ISBN/EAN: 9783743423763

Hergestellt in Europa, USA, Kanada, Australien, Japan

Cover: Foto ©Thomas Meinert / pixelio.de

Manufactured and distributed by brebook publishing software
(www.brebook.com)

Ignaz Brüll

Zweites Concert für das Pianoforte mit Begleitung des Orchesters

CONCERT.

41